LE PAVILLON DE HANOVRE

LOUIS FRANCOIS ARMAND   DUPLESSIS DUC DE
RICHELIEU ET   DE FRONSAC
Pair et premier Maréchol   de France &a &a &a.
Dédié a. Mgr le Duc de   Richelieu son Fils
Pair de   France. &a.

LE PAVILLON DE HANOVRE

ÉDITÉ

PAR CHRISTOFLE & Cie

Paris

La promenade des Remparts de Paris   (d'après St Aubin)

PRÉAMBULE

DE l'avis unanime des gens de goût, le Pavillon dit «de Hanovre», sis à l'angle du boulevard et de la rue Louis-le-Grand, et dont la rotonde délasse heureusement la vue des monotones pans coupés des immeubles avoisinants, est l'un des spécimens les plus délicats de l'architecture et de la décoration de l'époque Louis XV. Les restaurations qu'il a subies et l'appareil obligatoire, mais affligeant, d'annonces et de publicités qui le défigurent en partie, n'ont pu faire disparaître l'harmonie de ses lignes, la grâce de ses proportions. Avec son charmant balcon de fer forgé, d'un beau travail, avec ses mascarons finement sculptés, ses pilastres couronnés de chapiteaux corinthiens de bon style, il enthousiasma la ville et la Cour, au XVIIIᵉ

5

siècle; et, de nos jours, les connaisseurs ne manquent point de s'arrêter au passage pour l'admirer.

Mais le Pavillon de Hanovre n'intéresse pas exclusivement l'art français, c'est un monument historique à proprement parler; son nom seul le dit assez : la chronique ne veut-elle pas que ce soit avec le produit des rapines de l'expédition de Hanovre que le « Petit Père la Maraude », traduisez le Maréchal de Richelieu, l'ait fait construire à l'extrémité des jardins de son hôtel? N'est-ce pas aussi dans son grand salon, si l'on ajoute foi aux Mémoires mêmes du Maréchal, que la trop célèbre Du Barry fut, au cours d'un souper, présentée par son galant à Richelieu; ceci devait la mener, par la complicité du duc avec le valet de chambre procureur Lebel, à devenir la favorite de Louis XV. Évoquer ces souvenirs et d'autres encore, ressusciter la physionomie de ce coin pittoresque du Boulevard aux différentes époques, aura peut-être quelque chance d'intéresser les curieux.

L'HOTEL D'ANTIN

Louis-Antoine de PARDAILLAN, duc d'Antin

Au début du XVIIIᵉ siècle, on commence de bâtir sur l'emplacement actuellement compris entre la rue Saint-Augustin et le Boulevard; ce n'était jusqu'alors qu'un terrain vague, occupé par des cultures. L'ancien rempart du Nord se transforme à cette époque en Pail-Mail ou Cours, planté de quatre rangées d'arbres, et devient la promenade préférée des Parisiens; si l'on voulait aller au delà, il fallait prendre, au travers des Marais dits de la porte Gaillon, le chemin boueux des Porcherons, celui-là même qui, asséché et empierré par la suite sur les ordres du duc d'Antin, est devenu notre Chaussée d'Antin.

C'est en 1701 que s'ouvre, le long du couvent des Capucines, la rue Louis-le-Grand, destinée dans le plan primitif à aboutir à la place du même nom, aujourd'hui notre place

Vendôme, qui devait originairement occuper un emplacement quatre fois plus vaste que celui du plan qu'exécuta
Mansart. Six ans après, en 1707, Jean Beausire, contrôleur
des bâtiments, élève à l'honneur de Louis XIV la fontaine
qui, successivement restaurée en 1828 par Visconti et,
dernièrement, en 1900, se voit encore place Gaillon. La
même année, l'architecte Pierre Levée construit en
bordure des rues Louis-le-Grand et Saint-Augustin d'une
part, contigu de l'autre à l'hôtel du financier Frémont,
l'hôtel de François Mauricet de La Cour Deschiens. Le plan
bâtard qu'il adopta, gêné par les constructions voisines, fit
donner à cette maison, qui coûta quatre cent mille écus, le
nom d'Hôtel de Travers.

Le financier La Cour Deschiens étant mort trois ans
après, en février 1710, et devant au roi des sommes consi-
dérables, Louis XIV fit saisir l'hôtel; il le donna le
30 avril 1712 en paiement d'une somme assez forte, au comte
de Toulouse. Celui-ci le vendit en 1713 à Louis-Antoine de
Pardaillan de Gondrin, duc d'Antin, directeur général des
Bâtiments, Jardins, Arts et Manufactures de France.
L'Hôtel, qui prit alors le nom d'Hôtel d'Antin, dut à ce
haut personnage, doué d'un goût très éclairé pour les arts,
d'être bientôt, au dire de Piganiol, l'une des plus belles
maisons qu'il y eut à Paris. Lorsqu'il l'acquit en 1749, le
fastueux maréchal-duc de Richelieu s'ingénia pourtant à
l'enrichir encore et à le transformer au goût du jour. A ce
souci d'embellissement répondit la construction de l'élégant
Pavillon élevé à l'extrémité des jardins et donnant sur le
Cours, seul reste aujourd'hui de l'Hôtel de Richelieu, avec
une partie de l'immeuble portant le numéro 34 de la rue
Louis-le-Grand.

DUC DE RICHELIEU

Le duel du duc de RICHELIEU

ARRIÈRE - PETIT - NEVEU du cardinal ministre, Louis - François - Armand de Vignerod du Plessis, maréchal de France, né sous le règne de Louis XIV, le 13 mars 1696, et mort à la veille de la Révolution, le 8 août 1788, semble le personnage qui ait, de la façon la plus frappante, incarné le xviiie siècle. Il fut essentiellement de son temps par la frivolité, l'amour de l'intrigue, la galanterie, le libertinage, et aussi par la belle humeur, le courage railleur, la recherche de l'esprit et le goût de la curiosité.

Sa vie est le plus passionnant des romans d'aventure. Venu au monde avant terme, il fut enveloppé et conservé pendant trois mois dans une boîte de coton. Louis XIV et la duchesse de Bourgogne le tinrent sur les fonts en 1699;

à l'âge de quinze ans, quoique déjà marié avec Mademoiselle de Noailles, belle-fille de son père, il ébauche, malgré les mercuriales de Madame de Maintenon, une idylle avec sa propre marraine, la coquette duchesse de Bourgogne. Aussi, le 22 avril 1711, cet ancêtre du Chérubin de Beaumarchais va-t-il sous bonne garde à la Bastille, méditer sur l'imprudence qu'il y a de négliger sa femme pour s'attaquer aux princesses royales.

Successivement, on lui donne pour compagnons de cachot : un ecclésiastique, qui lui fait traduire Virgile, puis, dans l'espoir de le ramener au droit chemin, sa propre femme que, de ce jour, il se mit à détester cordialement. Libéré au bout de quatorze mois, il va faire ses premières armes au siège de Fribourg, sous les ordres de Villars, le tapissier de Notre-Dame; une blessure qu'il reçoit à la tête et le souvenir de son emprisonnement en font, à son retour, la coqueluche de toutes les femmes de la Cour. Il vole de conquête en conquête, s'évertuant à enlever au Régent ses filles et maîtresses. Mademoiselle de Valois, Mademoiselle de Charolais, Madame de Gacé, dont le mari le provoqua en duel et lui traversa les entrailles au sortir du bal de l'Opéra, sont ses aventures les plus notoires de cette époque; mais on ne compte déjà plus les bourgeoises et les actrices qui ne savent lui résister. Embastillé à la suite de son duel avec Gacé, il ne recouvre sa liberté que pour renouer avec Mesdemoiselles de Valois et de Charolais, enlever au Régent " la Souris ", danseuse de l'Opéra, puis lui prendre successivement Mesdames d'Avesnes et de Parabère. C'est bien pour Richelieu et non pour Soubise, comme on l'a prétendu, que Mesdames de Nesles et de Polignac se battent en duel au Bois de Boulogne, et

Le Maréchal Duc de RICHELIEU
en grand costume de Chevalier du Saint-Esprit

cette équipée extraordinaire met le comble à sa célébrité.

Complice du duc du Maine dans la conspiration de Cellamare et conduit à la Bastille une troisième fois, en 1719, il y passe son temps à jouer au trictrac et de la basse de viole. Les filles du Régent pénètrent jusqu'à sa prison et continuent à lui faire leur cour. Aussi le délivre-t-on bientôt, crainte d'un nouveau scandale.

Le 12 décembre 1720, quoiqu'il ne sache pas l'orthographe et qu'on doive lui faire son discours de réception, il entre à l'Académie Française, sans doute en souvenir de son arrière-grand-oncle, qui l'avait fondée. Enfin, il conquiert la faveur de Louis XV; son prestige de viveur et leur égal amour du plaisir la lui valurent; il l'entretint habilement, étant d'une grande finesse et merveilleusement doué pour l'intrigue. Il sut apprécier assez exactement les chances de telle ou telle favorite : Mailly, la Tournelle, Châteauroux, la Pompadour, évaluer la durée de leur règne et prévoir quelle maîtresse succèderait à celle que le roi allait congédier.

Mais ce serait une injustice de ne voir en Richelieu que le don Juan et le courtisan; reconnaissons qu'à Fontenoy comme à Raucoux, son rôle dans les conseils et sa bravoure sur le front des troupes furent pour beaucoup dans nos victoires. Appelé par les Gênois, révoltés contre l'oppression autrichienne, il délivre la ville assiégée et Louis XV, à la prière de nos alliés, le nomme maréchal de France. La prise de Port-Mahon en 1756 fut son plus beau succès, car la négociation maladroite qui devait aboutir à la capitulation de Closterseven, lors de l'expédition de Hanovre (1757) lui fit perdre le bénéfice de ses heureuses opérations militaires. Dupé par les Anglais et les Prussiens, le maréchal s'en vengea en mettant à feu et à sang la principauté d'Hal-

berstadt. Ce fut sa dernière
campagne.

A quatre - vingt - quatre
ans, le 15 février 1780,
Richelieu se remarie avec
Mademoiselle de la Vaulx:
pas plus que les deux premières, sa troisième union
ne parvint à l'assagir. Sous
le règne nouveau, à défaut
du pieux Louis XVI, c'est
à son frère, le comte d'Artois, que le maréchal conti-
nue les leçons de débauche

Madame DU BARRY

si bien commencées à Louis XV. Dans son pavillon
du boulevard, il reçoit le futur Charles X et ses compagnons de plaisir, et ce sont, au dire du peuple, d'inter-
minables orgies.

Car, plus que son château de Poitou, plus que ses hôtels
de Paris et de Bordeaux, Richelieu affectionnait ce pavillon,
aménagé spécialement pour sa commodité et son plaisir, et
dont le balcon lui servait pour ainsi dire de poste d'obser-
vation d'où ne lui échappait aucun des menus incidents du
boulevard. Aussi entra-t-il dans une furieuse colère lorsque
les sieurs Grenard et Arthur, ayant acheté au roi l'ancien
emplacement du dépôt des Marbres, à l'angle du cours et
de la rue Louis-le-Grand, y installèrent, en face de son
Pavillon, leur manufacture de tontisses et de papiers
peints. Le maréchal-duc pesta qu'on lui bouchait la vue,
tempêta, alla en Parlement et accabla ses voisins de procé-
dure jusqu'à son dernier jour, survenu le 8 août 1788.

LE PAVILLON D'HANOVRE

Jean-Michel CHEVOTET,
architecte du Pavillon,
d'après un pastel de PERRONEAU

RICHELIEU avait été bien inspiré en confiant en 1749 à l'Orléanais Jean-Michel Chevotet (1698-1772), membre de l'Académie d'Architecture, le soin d'agrandir et de transformer l'ancien hôtel d'Antin à la nouvelle mode. Ne pouvant le développer à droite, où il était mitoyen de l'hôtel des Deux-Ponts, anciennement hôtel Frémont, l'architecte édifia un nouveau corps de bâtiment, construit en aile et lié à l'ancien, découvert en terrasse et dont l'extrémité donnait sur la rue Louis-le-Grand.

Sans nous attarder à la description de cet hôtel qu'on trouvera tout au long dans Piganiol, parlons des jardins tels que les conçut Chevotet, qui, dès le 5 août 1756, prévoyait à leur extrémité sur le boulevard, un salon qui devint par la suite le « Pavillon de Hanovre ».

En voici la description : un parterre carré, long, décoré de corbeilles de fleurs variées ; des deux côtés, deux amphi-

théâtres à gradins également
décorés de corbeilles; au
fond du parterre, un grand
bassin; au delà, de chaque
côté, de hautes palissades
en treillage isolées et ou-
vertes en arcades dont le
vide était rempli par huit
statues antiques peu dé-
centes. Entre les cintres des
arcades, des vases de fleurs
en treillage. Au fond, et au
milieu, trois grandes niches
en treillage couvertes en

Charles Philippe, comte d'Artois

baldaquin avec plafonds en coupoles et campanes. Dans la
niche du milieu était le Bacchus Richelieu (actuellement au
Louvre), dans celles de droite et de gauche, les deux
Captifs (de Michel-Ange). Derrière le parterre, des bosquets
également ornés de statues. Une allée de marronniers
régnait le long de la terrasse sur la rue Louis-le-Grand
jusqu'au Cours.

Quand Richelieu lui commanda d'édifier à l'extrémité de
ces jardins un salon donnant sur le rempart, Chevotet établit
plusieurs plans et dessina plusieurs projets de façades, dont
deux, conservés actuellement au Cabinet des Estampes dans la
collection Destailleur, sont d'un effet charmant et d'un goût
peut-être plus sobre que celui auquel s'arrêta le Maréchal.

Voici comment était compris ce dernier :

Un magnifique salon tournant ouvrait sur le jardin par
trois grandes portes cintrées. Des masques très bien sculptés ornaient les clefs des trois arcades; celui du milieu

Le Pavillon d'Hanovre, au XVIIIᵉ siècle.

représentait une tête de Bacchante d'une belle expression,
accompagnée de pampres de bon goût, les deux autres étaient
des têtes de bélier fort bien traitées ; des colonnes ioniques
couples entre les arcades portaient un entablement couronné
d'une balustrade. « Un grand vestibule carré forme la première pièce ; la deuxième est d'une belle forme ovale ornée
d'une belle menuiserie sculptée et d'un grand nombre de
glaces, avec quatre tableaux d'architecture par Machy. »
Sans doute « le Temple en ruines » (nº 333) du Musée du
Louvre par l'Académicien Machy est-il l'un deux.

Le Pavillon ne fut terminé qu'en 1760 ; il avait coûté à
lui seul 100.000 écus. Ce fut le fameux architecte Louis
(1735-1811) qui succéda à Chevotet dans l'entretien et les
restaurations de l'hôtel de Richelieu, mais il ne toucha pas

au salon du Boulevard ; celui-ci devait rester indemne dans
son ensemble jusqu'en 1887, date à laquelle on jugea néces-
saire de procéder à une restauration, effectuée par l'architecte Soley et que mentionne une plaque de marbre appliquée sur sa façade.

Projet de façade du Pavillon d'Hanovre
par CHEVOTET

LE PAVILLON AU XIXe SIÈCLE

Quel fut, durant le xixe siècle, le sort des lieux dont nous venons d'esquisser l'histoire? Une rue ayant été en 1792 percée perpendiculairement à celle de la Michaudière, le Pavillon se trouvait de la sorte isolé de l'hôtel Richelieu; leur destination différa du fait des acquéreurs respectifs. L'hôtel devint successivement un restaurant, puis un hôtel meublé, dont les appartements superbement décorés servirent de cadre à des noces et banquets; il fut vendu et morcelé le 28 décembre 1824.

Quant au Pavillon, il parut tout d'abord, avec ses jardins et ses bosquets, un excellent emplacement aux entrepreneurs de fêtes publiques; ce n'y furent pendant toute la Révolution que bals, fêtes, concerts, petits spectacles, feux d'artifices. C'est aussi et surtout le premier local où l'on donna des bals de Victimes. Le frère du comédien Juillet y avait établi en 1797 le premier café-concert en plein air; le 14 juillet 1798, on y célébra l'anniversaire de la Fédération, puis, au bal qui détermina la fête, on acclama la belle Thérésia Cabarrus-Tallien et Joséphine Bonaparte : Notre-Dame de Septembre et Notre-Dame des Victoires, les deux patronnes de la République régénérée, On les avait appelées ainsi, la première en souvenir de son rôle charitable sous la Terreur, la seconde en raison des succès retentissants de son mari, le jeune vainqueur de l'Italie.

Le Pavillon fut encore sous le Directoire une maison de jeu qui rivalisa un moment d'influence avec le fameux Fras-

Le Pavillon de Hanovre en 1807, d'après une aquarelle de DEBRET

Madame TALLIEN

cati. Le glacier Tortoni qui, associé avec Velloni, devait faire fortune au coin de la rue Taitbout et du boulevard l'occupa aussi pendant un temps. Mais, en 1804, le Pavillon redevint un jardin public où s'exécutèrent des concerts aussi remarquables par le choix des morceaux que par celui des artistes. Et l'amusante aquarelle de l'architecte François Debret (1777-1850) nous montre ce qu'était le Pavillon en 1807: au rez-de-chaussée, le salon central était occupé par le tapissier Melon « fournisseur de Sa Majesté le Roy de Maroc » qui s'y installa et l'habita jusqu'en 1812; au premier étage, logeait le fabricant et marchand de papiers peints, Simon, dont la fabrique occupait un assez long bâtiment contigu, en bordure de la rue Louis-le-Grand. La maison Simon persista jusqu'en 1834, date à laquelle son propriétaire s'étant associé le sieur Cartulat, la firme devint celle de Cartulat-Simon.

Cependant, il est fort probable que le Pavillon de Hanovre n'aurait point tardé, comme l'hôtel de Richelieu, à devenir la proie des spéculateurs de terrains et à disparaître sous la pioche des démolisseurs, si le succès d'une industrie d'art à laquelle il devait fournir un cadre très heureusement approprié ne l'avait sauvé de ces dangers, pour la plus grande joie de ceux qu'intéressent notre art et notre histoire.

Certes, le temps est passé
des dîners de gala et des
petits soupers auxquels pri-
rent part la Du Barry et le
Comte d'Artois, mais si l'on
a levé les tables, il semble
que les somptueux surtouts
soient demeurés, qu'ils da-
tent du Grand Siècle ou de
la Régence, de Louis XV

ou de Louis XVI, ces quatre périodes qui se partagèrent
la longue existence de Richelieu. Car ce sont d'étincelantes
orfèvreries que l'œil du passant charmé contemple aujour-
d'hui à travers les glaces, dans le grand salon décoré de
délicates boiseries du Pavillon du Maréchal, actuellement
occupé par la maison Christofle.

Double fut le mérite de son fondateur Charles Christofle
(1805-1863), dont les traditions, continuées par ses suc-
cesseurs, sont encore présentement les meilleurs garants
de la prospérité de l'établissement qu'il créa dès 1814 :
Charles Christofle comprit le premier et sut réaliser
l'avenir industriel de l'électro-chimie appliquée au dépôt
des métaux; en même temps, ses efforts pour appliquer les découvertes de la science galvanoplastique
dans le domaine pratique l'amenèrent à effectuer, au
point de vue social, une véritable révolution dans le
domaine économique.

Acquéreur des brevets de l'inventeur anglais Elkington
qu'il payait 500.000 francs, somme considérable pour
l'époque, il s'ingénia à doter la France d'une orfèvrerie à la portée des bourses moyennes qui réunit

les conditions suivantes : solidité, hygiène, confort et
luxe de bon aloi.

L'on n'ignore pas, que jusqu'au siècle dernier, les services
de table, uniquement martelés et ciselés dans l'or et l'argent,
à force de temps, par des artisans patients, étaient demeurés
le privilège de l'aristocratie et de la bourgeoisie riche.
Ajoutons que les guerres du xviiie siècle, de la Révolution et de l'Empire nécessitèrent pour la plupart le sacri-
fice de leur vaisselle de famille : fondue à la Monnaie, elle
dut contribuer à combler les vides du Trésor Public ; celle
qui n'avait pas été convertie de la sorte fut le plus souvent
volée ou dispersée. La paix rétablie, la pénurie des bourses
ne permettait guère de reconstituer les orfèvreries et
métaux précieux. Fallait-il donc se contenter de plomb,
d'étain, de fer ou de bois ?

Christofle résolut par la galvanoplastie le problème
compliqué d'une orfèvrerie à la fois esthétique, hygiénique
et économique. C'est ce succès que le 29 novembre 1841, l'illus-
tre chimiste Dumas enregistrait avec enthousiasme dans la com-
munication suivante faite à l'Aca-
démie des Sciences :

" Un art nouveau de la plus
haute importance, car il tend à
rendre générales les jouissances
du luxe le mieux raisonné, vient,
sinon de naître en France, du
moins d'y recevoir des dévelop-
pements inattendus. C'est l'art
d'appliquer à volonté les métaux

Le Pavillon en 1845

Le Pavillon en 1850

les plus résistants et les plus beaux sur des objets façonnés avec d'autres métaux moins chers, art qui transportera jusque dans la plus humble chaumière l'usage agréable et salubre de l'argenterie ".

Ce ne fut d'ailleurs qu'au prix de luttes acharnées contre la routine et contre une concurrence déloyale (il eut jusqu'à 358 procès) que Christofle parvint à donner son plein développement à l'industrie nouvelle. Mais il avait foi en son œuvre et réussit au-delà de ses prévisions.

Bientôt s'éleva en plein centre de Paris, dans l'antique rue de Bondy, la manufacture d'orfèvrerie qu'on y voit encore aujourd'hui, et qui occupe tout le vaste quadrilatère délimité par les rues de Bondy, de Lancry, Taylor et du Château-d'Eau.

Charles CHRISTOFLE
(1805-1863)

Ce puissant établissement dut sa réussite immédiate d'abord à ce qu'il arrivait bon premier à son heure; mais, pour se perpétuer sans défaillance et gagner chaque jour en prospérité, il fallait, en outre, qu'il fût fondé sur des principes durables et nettement établis; ceux qui lui ont gagné la confiance et l'estime universelles sont: la loyauté intransigeante résumée dans cette règle absolue imposée à l'origine et toujours observée "de n'avoir qu'une seule qualité", pour que pauvres et riches fussent assurés d'être traités, sous ce rapport, sur le pied de l'égalité; et ensuite le culte du beau assuré par la collaboration des plus habiles dessinateurs et des plus célèbres sculpteurs et statuaires, signant de leurs noms les maquettes exécutées en métal par la maison Christofle.

Ce sont là de ces vertus industrielles qu'il est utile de rappeler, elles attestent la persistance de qualités foncièrement françaises : honorabilité, rare sens artistique, auxquelles nos rivaux étrangers sont tenus de rendre hommage.

A côté de l'argenterie courante d'un modèle simple et élégant, dont on se sert à la table de famille, que de modèles luxueux, que de surtouts artistiques dus à la maison

Le Pavillon de Hanovre — État actuel

Christofle et dont se parent les tables somptueuses de ces véritables palais modernes que sont devenus les grands hôtels sortis du sol un peu partout au vingtième siècle.

Le service de l'hôtel Crillon reporte les convives au temps de Louis XIV; à l'hôtel Ritz règne le style Régence; à l'hôtel Chatham, le Louis XV; à l'hôtel Meurice, tout le service est d'un Louis XVI inédit et charmant; le restaurant Laurent aux Champs-Elysées a préféré un service de style Empire et les hôtels Mercédès et Lutetia offrent à leurs clients d'originaux services de style moderne.

A l'étranger, les peuples même les plus fermés aux influences du dehors ont ouvert leurs portes à l'orfèvrerie Christofle. C'est ainsi qu'à Berlin l'hôtel Adlon, à Hambourg, celui de l'Esplanade, servent leurs hôtes dans des services Louis XVI de cette maison. En Angleterre, pays de l'exclusivisme par excellence, le Ritz Piccadilly de Londres lui a commandé lui aussi un service Louis XVI. En Italie, le Palace-Hôtel de Rome a également un service Louis XVI, tandis que l'Excelsior a réclamé la création d'un service de pur style Empire en harmonie avec l'ensemble de ce fastueux hôtel.

Les compagnies de chemins de fer utilisent pour les restaurants de leurs trains de luxe les ressources que leur offre cette orfèvrerie aussi résistante qu'élégante. Et sur les paquebots de n'importe quelle grande compagnie française ou étrangère, vous êtes partout assurés de retrouver l'orfèvrerie Christofle, que vous voyagiez sur les vapeurs français de la Compagnie Transatlantique et des Messageries Maritimes, ou sur les vapeurs allemands de la Compagnie Hambourgeoise: l'*America* et le *Kaiserin-Augusta-Victoria*, destinés au transport des millionnaires. Il en est de même

Salons de vente du premier étage

Salons de vente du rez-de-chaussée

Service de Style Régence (Hôtel RITZ, a Paris.)

de la marine de Guerre, non seulement en France, mais en Italie, en Hollande, en Espagne et jusqu'au Brésil.

Mais l'importante Manufacture dont nous parlons n'a point voulu limiter à l'argenterie de table proprement dite le champ de sa production, elle n'a laissé échapper aucune occasion d'apporter son indispensable contribution aux travaux d'orfèvrerie d'art et même de décoration monumentale où sa spécialité dans la dorure et argenture électrochimiques pouvait entrer en jeu.

Parmi les nombreuses œuvres de cette nature auxquelles la maison Christofle attacha son nom, citons seulement les plus fameuses et les plus remarquables. La moins curieuse n'est pas ce fastueux surtout de Napoléon III qui, par ses dimensions et ses qualités artistiques, mérite une place à

Cafetière Louis XVI

part. L'empereur, que les uns ont dit hanté de la crainte d'une révolution, que d'autres ont, sans doute à plus juste titre, reconnu avoir dans l'espèce fait preuve de bon sens, avait jugé qu'il valait mieux ne pas immobiliser dans un objet de luxe la valeur énorme qu'il aurait représentée si on l'avait exécuté en argenterie massive. Qu'importait, puisque la maison Christofle lui assurait, à côté du point de vue esthétique, des garanties de durée de l'objet, de solidité de dorure, dont l'incendie des Tuileries a fait lui-même la meilleure preuve. Une visite au Musée des Arts Décoratifs, où l'on conserve précieusement le surtout de Napoléon III, nous convaincra mieux que n'importe quelle démonstration de la double qualité d'art et de durée des produits manufacturés Christofle.

Sans doute est-ce en vertu de cette même opinion que l'impératrice Eugénie commandait au même établissement une toilette dont la parfaite exécution et la belle tenue l'enchantèrent. Pour les fêtes de la Ville de Paris, la maison Christofle exécutait, sur l'ordre du baron Haussmann, un surtout de table et un service à dessert dessinés par Baltard, elle four-

Cafetière Louis XIV
(Hôtel Crillon, à Paris)

Bibliothèque du Vatican

nissait également au vice-roi d'Egypte un service complet.

Il serait faux de croire que les Christofle aient borné à la spécialité d'orfèvrerie, dont nous venons d'indiquer seulement quelques spécimens, leur activité productrice. L'invention dont ils s'étaient assuré le monopole exclusif voyait peu à peu s'ouvrir à elle un champ beaucoup plus vaste. Et sans conteste, ce sont de véritables chefs-d'œuvre monumentaux que les travaux d'ordre très divers exécutés par la maison Christofle, que nous allons simplement citer.

Couvert Style Moderne
(Hôtel LUTETIA, à Paris.)

Couvert Regence
de l'Hôtel RITZ, a Paris.

Balcon de l'Equitable des Etats-Unis (Place de l'Opéra.)

Voici la bibliothèque contenant les cent-dix versions manuscrites, dans toutes les langues, de la *Bulle Ineffabillis* par laquelle Pie IX avait promulgué le dogme de l'Immaculée Conception ; harmonieuse combinaison de bois précieux, de bronze et de cuivre doré, d'émail cloisonné, de marqueterie, de porcelaine de Sèvres, de pierreries et d'argent massif ; des artistes comme Charles Lemaire, Ehrmann, F. de Courcy, Carrier-Belleuse, Jacquemart, Mellerio, étaient les sûrs garants de la perfection et de la belle qualité de cette œuvre à laquelle la direction de M. Paul Christofle et d'Henri Bouilhet assurait en même temps l'unité désirable. Voici, dans un ordre d'idées analogue, les belles portes de l'église Saint-Augustin,

Testimonial offert par la Chambre Syndicale de la bijouterie à son Président M. L. Aucoc

Pièce de milieu du Surtout de l'Empereur NAPOLÉON III

et dans ce domaine délicat de la ferronnerie d'art, les
portes de la Faculté de Droit de Paris, celles de l'hôtel
du comte Potocki, la rampe d'escalier de l'Opéra-Comique,
les balcons de l'hôtel Bonnat et ceux du somptueux immeuble de l'Equitable des Etats-Unis, place de l'Opéra. Sans
quitter ce centre animé du Paris créé par Haussmann, levez

Table de toilette de l'Impératrice EUGÉNIE
à l'Exposition de 1867

les yeux
quand vous
sortez de
l'Equitable
vers la cou-
pole de
l'Opéra : c'est
encore à
la maison
Christofle
que s'adressa
Charles Gar-
nier lors-
qu'il rêva

Pièce de milieu du Surtout de la Ville de Paris

que les feux du soleil couchant puissent dorer les superbes groupes qui couronnent son génial chef-d'œuvre.

On protesta sans doute à l'époque contre l'éclat un peu violent d'une dorure fraîche, comme on l'a fait encore lorsque fut élevé derrière l'Opéra le monument du grand architecte. Le public est impatient et ne veut pas laisser aux années le temps d'accomplir leur œuvre : mais la patine des âges se charge d'atténuer l'éclat trop vif que présentent nécessairement les objets dans leur nouveauté.

Enfin, il ne se passe pas d'année sans que la Maison Christofle ne se rappelle au public français et étranger par

Rampe de l'Escalier de l'Opéra Comique

un travail d'art ajoutant un nouveau titre à la liste déjà longue des belles œuvres qu'on compte à son actif. Hier, c'etaient les beaux groupes de l'ambassade de France, à Vienne, qui firent l'admiration du public très éclairé de cette ville ; demain, ce seront à Paris de très importants travaux dont il n'est point encore l'heure de parler.

Aussi, devant un succès sans

Groupe du Dôme de l'Opéra

cesse grandissant, la Maison Christofle a-t-elle dû, ses vastes locaux de la rue de Bondy ne lui suffisant plus. acquérir de nouveaux emplacements dans la banlieue parisienne, à Saint-Denis ; elle a même fondé à l'étranger. à Karlsruhe, une succursale importante, au cœur même de la concurrence alle-
mande.

Et cependant, pour tout Parisien ou seulement pour quiconque a séjourné quel-que temps à Paris, c'est en-core le Pavillon de Hanovre qui s'associe le plus natu-rellement dans son esprit au nom des manufacturiers habiles et consciencieux dont nous avons essayé d'indi-quer l'œuvre vue sous ses divers aspects. Il est l'écrin qu'on n'aurait pu rêver

35

s'accordant mieux avec le style et le goût délicats des
joyaux qu'il renferme et c'est un très heureux ensemble
d'art devant lequel le passant séduit ne manquera pas de
s'arrêter.

François VAUDREUIL.

Porte de l'Hôtel du Comte POTOCKI

Hôtel de la mairie

En IX —